El Camino Hacia La Autoestima

Por Kewin Fabian Quintero

ÍNDICE

Capítulo 1: El Optimismo: La Clave para ser feliz

Una perspectiva positiva para una vida positiva

Nuestra perspectiva y actitud ante la vida en general juega un papel muy importante en lo felices que somos en la vida y lo exitosos que podamos llegar a ser. Si tú piensas positivamente en todo, estarás más relajado, tranquilo y sonreirás más que alguien que siempre está mirando el lado malo, que deja que el estrés se apodere de él y que constantemente frunce el ceño.

No solo te afecta cómo piensas y sientes, también afecta a quienes te rodean, en resumen, nuestro estado de ánimo afecta nuestro día. Desarrollar y mantener una actitud positiva es esencial si desea llevar una vida positiva y satisfactoria.

Hay muchas formas en las que puedes desarrollar una perspectiva más positiva y comenzar a cambiar tu forma de pensar y sentir acerca de muchas situaciones con las que te encuentras en la vida diaria. Cambiar de actitud y no volver a caer en pensamientos negativos puede tomarte un tiempo, pero luego veras que la nueva perspectiva se convertirá en una segunda naturaleza. Los cinco puntos clave principales que debe recordar al cambiar tu mentalidad son:

1. Convierte tu forma de pensar en pensamiento positivo y practica a diario el pensamiento positivo. Debes concentrarte en completar una tarea a la vez y pensar solo en un resultado positivo y en lo bien que te sentirás cuando hayas completado la tarea. Nunca le des lugar a la duda ni creas que has abarcado demasiado y simplemente sigue adelante.
2. No permitas que tus conversaciones se vuelvan negativas, en una conversación de temas negativos es fácil que te desanimen, especialmente si le buscan las partes negativas a la vida. No caiga en la tentación de volver a sus viejas costumbres, convierta la conversación negativa en positiva y busque lo bueno en todo y en cualquier situación.
3. Busca lo positivo en los que te rodean y apúntalo, de esta forma podrás fomentar una actitud positiva a tu alrededor.
4. Hagas lo que hagas en tu día a día busca siempre lo bueno en ello, aunque puede ser una tarea aburrida que normalmente odias hacer y que te deja sintiéndote aburrido, trata de encontrar algo que la convierta en una situación más positiva.

5. Nunca te distraigas ni permitas que te engañen para volver a la negatividad, se necesita tiempo para cambiar la forma en que te sientes y piensas y si has estado deprimido contigo mismo y con el mundo durante mucho tiempo, entonces tu nueva perspectiva tomará un tiempo para quedarse permanentemente en tu vida.

Con el tiempo, descubrirás que muchas áreas de tu vida pueden cambiar simplemente cambiando tu forma de ver las cosas, de una manera negativa a una más positiva. Descubrirás entonces que tu autoestima mejora, te vuelves más popular, te sientes más feliz y tienes más confianza que antes, eres capaz de abordar las tareas que alguna vez odiaste sin que te causen estrés y ansiedad y tus relaciones mejoraran. Estas son solo algunas de las áreas en las que puedes mejorar tu mismo y obtener una perspectiva más positiva y, por lo tanto, llevar una vida más positiva.

Conoce tu autoestima

Darse cuenta de su autoestima no tiene nada que ver con verificar su saldo bancario, se trata de usted, la persona que es en la vida. Damos a los demás respeto, amor y consideración, pero ¿con qué frecuencia nos damos lo que se nos debe? Cómo te valoras a ti mismo se basa en la autoestima que tienes, tu autoestima te muestra cuánto te valoras realmente. Una autoestima saludable conduce a la independencia, la felicidad, la flexibilidad, la capacidad de adaptarse fácilmente al cambio, la cooperación y una actitud positiva ante cualquier situación. La autoestima poco saludable o baja, por otro lado, conduce solo a pensamientos irracionales, infelicidad, miedo a lo nuevo, rigidez, actitud defensiva y una perspectiva negativa de la vida en general.

Cómo nos vemos a nosotros mismos tiene mucho que ver con cómo nos ven los demás, si somos felices, sonrientes y llenos de confianza, entonces los demás nos ven como alguien con quien quieren estar, si nos respetamos y representamos esto, los demás también te respetarán. , después de todo, ¿cómo puedes pedir respeto a los demás si ni siquiera te respetas a ti mismo? Entonces, encontrar y desarrollar tu autoestima se trata de desarrollar tu autoestima, así que echemos un vistazo a la estima

Alta autoestima

Si tienes una alta autoestima verás ciertos rasgos en ti mismo y cómo te ves a ti mismo, los rasgos vinculados con una alta autoestima o autoestima son:

- Estás seguro de quién eres y tienes confianza en tus habilidades.

- Te permites mostrar tus verdaderos sentimientos a los demás.
- No tienes problemas de intimidad en las relaciones.
- Eres capaz de reconocerte y enorgullecerte de tus logros en la vida.
- Eres capaz de perdonarte a ti mismo fácilmente por los errores y también perdonar a los demás.

Baja autoestima

Del mismo modo, si tiene problemas con tu autoestima notaras un cierto patrón en tus pensamientos y forma de actuar, si tienes problemas con la baja autoestima, lo más probable es que note los siguientes puntos en usted mismo.

- Te falta fe en ti mismo y eres muy inseguro
- Tienes problemas para mostrar y aceptar la intimidad en las relaciones.
- Nunca dejas que tus verdaderos sentimientos se muestren
- Nunca te reconoces ni te das crédito por tus logros.
- Tienes la incapacidad de perdonarte a ti mismo y a los demás.
- Te resistes al cambio en cada oportunidad y permaneces en tu zona de confort.

Desarrollando tu autoestima

Hay muchas formas en las que puedes aumentar tu autoestima y verte de una manera más positiva y saludable a ti mismo. A continuación, te muestro algunos consejos para desarrollar y aumentar tu autoestima.

- No debes tomar en serio las críticas de otras personas, en su lugar, escuche lo que están diciendo y aprenda de ello.
- Tómate un tiempo para ti todos los días, medita, mira dentro de ti y date cuenta de todos tus puntos buenos e imagina cambiar los malos en más positivos. De vez en cuando es saludable un tiempo a solas en tu lugar favorito y si lo haces a menudo empezaras a notar como cada día eres más positivo.
- Celebra y enorgullécete incluso de los logros más pequeños que logre, incluso es buena idea que tus metas empiecen siendo pequeñas, así será más fácil cumplirlas y hallaras satisfacción en ello.
- Haz todos los días algo que disfrutes, como caminar bajo el sol o sumergirse en un baño de burbujas, acampar en medio del bosque o practicar algún deporte.
- Nunca te prives de algo que disfrutes, si sabes que no deberías hacerlo, hazlo de todos modos y deja de castigarte por ello.

- Habla de forma positiva contigo mismo, repite afirmaciones para ahuyentar todos los pensamientos y sentimientos negativos, mirarte frente al espejo y decirte que eres capaz, que eres valioso, no es estar loco, es amor propio. Desde niños nos inculcan reprimir el amor propio porque es "egoísta" o ser vanidoso, pero es más importante amarte a ti mismo que "amar" a otra persona sin siquiera amarte a ti mismo primero, recuérdalo. ¡Eres maravilloso!

Los beneficios de usar el diálogo interno positivo

Una de las mayores influencias que podemos utilizar a nuestro favor en la vida es uno mismo. En particular, podemos usar nuestros pensamientos porque influyen en nuestros sentimientos y, por lo tanto, pueden tener un efecto profundo en cómo lidiamos con la vida en general. Al aprender a controlar nuestro diálogo interno y convertirlo en un diálogo interno positivo en lugar de negativo, lo que la mayoría de las personas hace inconscientemente durante el día, puede comenzar a obtener más control sobre todos los aspectos de su vida y realizar cambios esenciales.

Su capacidad para tener éxito en la vida depende en gran medida de cómo se enfrente a la vida, una actitud mental positiva conduce a una persona segura y, en última instancia, más exitosa que una llena de negatividad, lo que conduce a una falta de confianza en sí mismo y baja autoestima. Al adoptar una actitud positiva, miras la vida de una manera diferente, una actitud positiva conduce a ver el bien en las personas y en el mundo, lo que conduce al optimismo y al éxito. Tu calidad de vida se basa en cómo piensas y sientes de un momento a otro y cambiar tu forma de pensar puede cambiar drásticamente la forma en que ves la vida y la afrontas.

La persona que atraviesa la vida con optimismo y actitud positiva está mejor capacitada para afrontar la vida y los problemas que se nos presentan en el camino, es capaz de recuperarse de los problemas o contratiempos de la vida. La persona optimista verá el problema por lo que es, nada más que un retroceso temporal que puede superar y seguir adelante, cuando mira la vida de esta manera optimista la persona es capaz de tomar el control total sobre sus pensamientos y sentimientos y girar una situación negativa en una más positiva simplemente alterando su forma de pensar. Dado que los pensamientos pueden ser positivos o negativos y solo puede tener un pensamiento en mente en un momento dado, elegir lo positivo mantendrá sus pensamientos, sentimientos y acciones optimistas, lo que conduce a una persona más feliz que puede lograr sus objetivos mucho más fácilmente.

Usar el diálogo interno positivo en su vida diaria

Debes usar el diálogo interno positivo a lo largo del día para establecer un nuevo patrón de pensamiento, probablemente habrás establecido un patrón de pensamiento negativo durante muchos años y esto tomará tiempo para superarlo, para empezar, debes buscar tu yo positivo.
Háblate unas 50 veces durante el día, esto se puede lograr repitiendo declaraciones positivas en voz baja o en voz alta. El diálogo interno positivo se puede utilizar para muchos aspectos diferentes de su vida, puede ayudarlo a superar situaciones difíciles, ganar más confianza en sí mismo, ayudarlo a dejar los hábitos, recuperarse más rápido de una enfermedad o hacer cambios en su vida en general, recuerde que la palabra tiene un gran poder. Las frases u oraciones populares que se pueden usar en el diálogo interno positivo incluyen:

- Tengo un desafío interesante al que me enfrento: esto podría usarse cuando ocurre un problema en la vida o hay alguna dificultad, en lugar de mirar la situación de una manera negativa y pensar que tengo un problema, pensar en ello como un desafío es una forma más positiva de afrontarlo, no mires el problema, mira la solución.
- Me gusta la persona que soy; esto podría usarse para reforzar la confianza en mí mismo y ganar respeto por ti mismo y por la persona que eres, declaraciones similares podrían ser "Soy el mejor", "Soy una buena persona" o "Tengo muchas cualidades", "Soy el mejor estudiante", de esta manera reforzarás tu autoestima.
- Sé que puedo hacer esto: esto podría usarse si te enfrentas a una determinada tarea que antes dudabas de ti mismo capaz de conquistar, de manera similar, podrías decir "Tengo la capacidad de conquistar esto" o "esto no representa un problema". Debes convencerte de que tú eres capaz de realizar cualquier cosa que te propongas, si otros pueden, tú también puedes, los limites te los pones tu mismo.
- Estoy lleno de salud, energía y vitalidad; esto puede usarse para fomentar buenos sentimientos sobre su salud, ya sea después de haber estado enfermo o mientras se recupera de una enfermedad. De esta manera tu mente empieza a aceptar que eres una persona sana, recuerda que muchas enfermedades empiezan mentalmente o por angustias y sufrimiento, lo mejor que puedes hacer es alejar todos los malos pensamientos y angustias, meditar y buscar paz interior.
- Me siento realizado como persona; esto puede usarse para fomentar buenos pensamientos positivos generales sobre usted y el mundo en el que vive.

Cómo las afirmaciones positivas pueden cambiar tu vida

Tener una actitud positiva es la clave para ser feliz y llevar una vida exitosa, nuestros pensamientos juegan un papel muy importante en cómo nos sentimos y el pensamiento positivo conduce a una persona segura y feliz en la vida, mientras que la negatividad conduce a una baja autoestima y te pierdes en tantas cosas en la vida. Con mucha frecuencia nos convencemos de las cosas sin siquiera darnos cuenta de que lo estamos haciendo, todos los días cientos de pensamientos negativos fluyen libremente por nuestra mente, nos desanimamos demasiado y sembramos las semillas de la duda. Hay una pequeña herramienta sencilla que puede utilizar durante el día para ayudar a cambiar estos pensamientos negativos e inculcar una forma de pensar más positiva; El uso de afirmaciones positivas diarias puede cambiar tu vida drásticamente para mejor. Pueden hacerte más confiado, más consciente, más seguro de ti mismo y cambiar tu vida en muchos más aspectos para mejor.

¿Qué son las afirmaciones positivas?

Las afirmaciones positivas se pueden usar a lo largo del día en cualquier lugar y en cualquier momento que las necesite, cuanto más las use, más fáciles serán los pensamientos positivos sobre los negativos y verá los beneficios en su vida. Una afirmación es una técnica simple que se usa para cambiar el diálogo interno negativo que rara vez somos conscientes de hacer, en mirar su vida con una actitud más positiva. La mayoría de nosotros nos hemos bombardeado durante muchos años con pensamientos negativos, por lo que cambiar sus pensamientos y la forma en que piensa no sucederá de la noche a la mañana, pero si se apega a las afirmaciones, funcionarán una vez que haya reentrenado su forma de pensar. Existen muchas técnicas de afirmación diferentes para lidiar con diferentes situaciones en la vida y las más populares y exitosas se enumeran a continuación.

La técnica del espejo

Esta técnica te ayuda a apreciarte a ti mismo y desarrollar la autoconciencia y la autoestima, debes pararte frente a un espejo, preferiblemente uno de cuerpo entero, ya sea en ropa interior o mejor aún desnudo pues debes empezar aceptándote como eres, con tus virtudes y defectos. Empiece por la cabeza y baje por el cuerpo, diga en voz alta qué es lo que le gusta de las áreas de su cuerpo, por ejemplo, podría decir "Me gusta mucho mi cabello" o "Mis ojos tienen un hermoso color claro u oscuro" tómese el tiempo y recorra lentamente todo su cuerpo construyendo una imagen más positiva de sí mismo, no te concentres en buscar defectos sino en sacar a flote todo lo bello que hay en ti.

La técnica en cualquier lugar

Esta técnica se puede utilizar en cualquier lugar y siempre que se sorprenda teniendo un pensamiento negativo, cuando se dé cuenta de que tiene un pensamiento negativo, piense en usted mismo bajando una perilla de volumen dentro de su cabeza para que la baje lo suficiente como para no escucharla. más tiempo. Luego piensa en una afirmación positiva para reemplazar la negativa y vuelve a subir el volumen repitiéndolo para ti mismo.

La técnica del bote de basura

Si tienes pensamientos negativos, escríbelos en un trozo de papel, enrosca el papel en una bola y tíralo a la basura, al hacer esto te estás diciendo a ti mismo que estos pensamientos no son más que basura y ahí es donde pertenecen, aunque parezca tonto realizar este ejercicio es muy liberador.

La técnica de meditación

Encuentra un lugar tranquilo donde puedas relajarte durante 5 o 10 minutos, cierra los ojos y deja que tu mente se vacíe de todos los pensamientos y sentimientos. Comience a repetirse su afirmación una y otra vez mientras se concentra en las palabras que está repitiendo y cree en lo que estás diciendo.

Capítulo II: Todo está en nuestra mente

Centrar la mente en lo positivo

Todos pasamos por momentos difíciles en la vida, es parte de la vida; no siempre puede ser un lecho de rosas. Sin embargo, la vida es lo que tú haces y al mantenerte positivo tanto en los momentos malos como en los buenos, puedes marcar la diferencia y superar los momentos difíciles con una sonrisa, de nada sirve tener un Ferrari y vivir en una mansión si tus pensamientos son negativos y te hacen sentir mal, es por eso que vemos que mucha gente adinerada termina suicidándose o en la ruina, porque permiten que el negativismo arruine su autoestima y no van en busca de la verdadera felicidad que es amarse así mismo.

Pero la gran pregunta es "¿cómo me mantengo positivo cuando las cosas se ponen difíciles?" Mantenerse optimista en momentos como estos es lo último en lo que pensaríamos, pero debería ser lo primero, necesitas pensar de manera positiva ahora más que nunca. La clave para mantenerse positivo es dejar de pensar en sus problemas y preocupaciones y revitalizar tu mente, esto es especialmente cierto cuando está teniendo un mal día y te sientes como una basura, como un fracasado o que la vida no tiene sentido alguno y quieres sentarte y llorar. Estos son algunos consejos excelentes para mantener una actitud positiva en la vida sin importar lo que suceda a su alrededor.

- Si te encuentras rodeado de personas negativas, libérate de ellas, la negatividad tiene una forma de pasar de una persona a otra y te arrastrarán con ellos, el negativismo es contagioso y lastimosamente se transmite de manera muy fácil.
- No se siente frente al televisor durante horas seguidas, las noticias cada vez son más deprimentes y violentas, aunque con esto no quiero decir que vivas desinformado, solo que busques programas que enriquezcan tu vida y te den felicidad como un documental sobre lo maravillosa que es nuestra naturaleza, una comedia o tu película favorita, aunque no lo parezca estas actividades nos enriquecen.
- Pase todo el tiempo que pueda con su familia y seres queridos, haga algo juntos que todos disfruten y trate de tener una noche familiar al menos una vez a la semana donde puedan pasar tiempo de calidad juntos, pues hoy en día las familias a duras penas se dirigen la palabra, todo el día vivimos frente a un dispositivo móvil y olvidamos lo que nos rodea.
- En momentos en los que se sienta particularmente con los ánimos por el suelo y la negatividad comience a aparecer, escuche música alegre, vea videos motivacionales o charlas ted en YouTube, o en caso de no tener al alcance estas herramientas repítase afirmaciones positivas para recuperar una actitud positiva.
- Tómate un tiempo cada día para hacer algo que disfrutes hacer y que no requiera que tomes decisiones o elecciones, algo que te relaje al máximo como pintar, dibujar, escribir, leer un buen libro, escuchar música, comer tu comida favorita, etc.
- Intente hacer algo que normalmente no haría, algo que sea totalmente diferente a usted y fuera de lugar, emprenda un nuevo pasatiempo o deporte que nunca hubiera soñado hacer.
- Haz algo de ejercicio, esto podría ser algo tan simple como dar un paseo al aire libre y es totalmente gratis o ir al gimnasio o participar en actividades como el yoga, aerobics, montar en bici, etc.
- Fíjese metas para salir adelante y cuando logre una meta, dese una pequeña recompensa por hacerlo.
- Aprenda técnicas que le permitan llamar su atención y concentrarse rápidamente en la tarea que tiene entre manos.
- Utilice afirmaciones a lo largo del día para infundir confianza en sí mismo y pensamientos y sentimientos positivos.

- Siempre busque lo mejor en situaciones difíciles, mientras que las cosas pueden no ser lo que esperamos, si mira lo suficiente, puede encontrar que no son tan malas como parecen.
- Recuerda que la situación no durará para siempre, esta es solo una etapa temporal por la que estás atravesando y mejorará.

El cielo es tu limite

Puedes lograr cualquier cosa que te propongas, el cielo realmente es tu límite, y si sigues unos sencillos pasos, podrás lograr cualquier cosa en la vida. La clave del éxito es estar absolutamente comprometido con lograr lo que desea, decidirse a tomar los pasos necesarios para lograr lo que desea, cambiar su enfoque y seguir con este nuevo enfoque hasta que logre lo que desea. Los pasos son relativamente fáciles de seguir y los cambios se pueden hacer fácilmente para determinar su éxito en cualquier cosa que desee lograr en la vida, echemos un vistazo más de cerca a los pasos anteriores.

Compromiso

Debes tomar una decisión y decidir exactamente qué es lo que deseas lograr en la vida y establecer un objetivo, una vez que hayas fijado en tu mente lo que deseas, debe abordarlo con total convicción y compromiso. Cuando estés planificando y estableciendo tu objetivo debes tener la firme convicción de que lograrás tu objetivo cueste lo que cueste, debes visualizar tu objetivo de principio a fin y verte logrando lo que sea que te propongas.

Toma los pasos necesarios

Una vez que hayas decidido hacerlo y te hayas comprometido, el siguiente paso es comenzar a tomar medidas para alcanzar su objetivo, dar el primer paso es en realidad la parte más difícil porque significa salir y hacer algo. Pensar en qué es lo que tienes que hacer es la parte fácil, ya que decir que estás comprometido a hacer, pero hacer significa enfrentar lo desconocido y poner tu plan en acción y esta etapa es muy a menudo donde la mayoría de la gente falla, porque el miedo nos detiene, le tenemos miedo al cambio y a lo desconocido, pero no nos podemos rendir, los cambios son buenos, recuerda el límite es el cielo.

Persistir y no rendirse

Cuando te hayas comprometido y dado el paso para hacer realidad tu sueño o meta, debes tener perseverancia y estar dispuesto a cambiar tu enfoque hasta que finalmente alcance la meta deseada. Dependiendo de lo que se proponga hacer, esto podría llevar algo de tiempo, pero es esencial que se mantenga tan comprometido con la realización del proyecto como cuando comenzó, puede ser útil llevar un diario de su proyecto de principio a fin, de esta manera puede ver qué tan lejos ha llegado y mantener tu mente en el resultado que desea lograr. La vida tiene muchas peculiaridades inesperadas y puede arrojarnos cualquier cosa, por lo que es importante que continúe empujándose a través de los momentos difíciles inesperados hacia su objetivo, si vemos en la historia muchas grandes empresas empezaron de la nada, algunas estuvieron al punto de quebrarse, pero la perseverancia y la lucha hoy las tiene en lugares altos, así como aquellas personas pudieron tú también tienes las capacidades de lograr grandes cosas.

Cómo desarrollar tu lado creativo

Todo el mundo tiene un lado creativo, aunque a veces está oculto y no sale a relucir tan fácil en todas las personas, sin embargo, puedes desarrollar la creatividad buscando tu lado creativo. Estos son algunos de los mejores consejos que puedo darte para ayudarte a encontrar tu lado creativo:

- **Crea listas**: puedes expandir tu creatividad en gran medida y hacer que se te despierte haciendo una lista siempre que tenga un problema que necesite un poco de pensamiento creativo, enumere tantas ideas como sea posible para encontrar soluciones y deja que tu creatividad fluya, te asombraras de los resultados.
- **Haga cambios en su vida**: a veces podemos bloquear la creatividad si estamos estancados en una rutina, haga algunos cambios en su vida diaria para que los canales fluyan nuevamente, los cambios no son malos, los cambios generan renovación.
- **Trabaja en las malas ideas**: incluso si todas las ideas en las que piensas son malas, sigues siendo creativo, así que trabaja en las malas y desarróllalas pues, de todos modos, podría convertirse en una gran idea y solución a tus problemas, quizás con algunas modificaciones una mala idea podría convertirse en una buena idea.
- **Trabajo en grupo**: trabajar en grupo y hacer una lluvia de ideas juntos es una excelente manera de desarrollar la creatividad, con varios puntos de vista y aportes es más fácil ensamblar una buena idea, posiblemente alguien vea una oportunidad que tu no.
- **Desafíate a ti mismo y a los demás**: si te desafías a ti mismo diciéndote que no puede hacer algo de la forma en que siempre lo has hecho, entonces tendrás que pensar en nuevas formas de solucionar el problema que pueden llevar a algunas sugerencias muy creativas.

- **Lápiz y papel**: si estás estancando y sin ideas para solucionar un problema o alcanzar una meta, entonces ten un lápiz y papel a mano y deja que tu imaginación se aclare y garabatea ideas en el papel, es sorprendente lo que se te ocurrirá si liberas tu mente de esta manera, y recuerda puedes comprar una pequeña agenda y llevarla siempre contigo, me ha pasado que en el momento menos esperado me empiezan a fluir grandes ideas y es importante tener donde anotarlas.
- **Entrena el lado pensante de tu cerebro**: el lado derecho de tu cerebro es donde comienza la creatividad, así que dale una sacudida y despiértala activando usando el lado izquierdo, intenta exhalar usando solo tu fosa nasal izquierda unas cuantas veces, también es útil la meditación, puedes intentar dibujar o pintar así no seas un gran artista, puedes también si eres diestro empezar a usar más la mano izquierda en algunas actividades y viceversa.
- **Contrata a un entrenador de vida**: si sientes que tu creatividad está realmente agotada, considera contratar a un entrenador (Coach) de vida para que te ayude a encontrarla, un entrenador de vida puede ayudarte a establecer las áreas en las que falta tu creatividad y trabajar contigo para fortalecerla.
- **Piense como un niño**: deje de lado todas las obligaciones, el estrés, las tensiones y las preocupaciones de los adultos y regrese a su infancia, los niños tienen la mejor imaginación y su creatividad no conoce límites, piense como un niño cuando está atrapado en ideas creativas y pronto fluirá libremente una vez más.
- **Relájese**: la creatividad a menudo puede agotarse si estamos bajo un gran estrés, aprender una técnica de relajación no solo lo hace sentir mejor, sino que puede ayudarlo a despejar su mente, darle un nuevo comienzo y hacer que su lado creativo fluya nuevamente.
- **Use algunos juegos mentales**: tenga a mano algunos juegos mentales, como rompecabezas de lógica, al dejar de pensar en su problema y resolver un rompecabezas que está usando su cerebro y usar su cerebro conduce a un pensamiento positivo y creativo, hoy en día las tiendas de aplicaciones móviles están llenas de aplicaciones de este tipo así que puedes bajarte una y empezar a entrenar tu cerebro.

Consejos y recursos de creatividad

Si te detienes a pensar veras que todos nos beneficiamos de la creatividad, la usas constantemente aun sin darte cuenta, y es que puedes usar la creatividad para ayudar con proyectos de tu trabajo, en el establecimiento de metas, en la administración del hogar y la familia y mucho más. Para ayudarte con todos tus proyectos, ya sean domésticos, laborales o personales, aquí hay 10 consejos para mejorar tu creatividad.

1. Mantente saludable

Encuentra una rutina de ejercicios que disfrute y cúmplala. Cámbiela cuando quiera, pero siga haciendo algún tipo de ejercicio, hoy en día ni siquiera necesitas ir a un gimnasio, puedes hacerlo con ayuda de una app, de una guía de internet, puedes hacerlo en algún parque o en tu casa, no hay lugar para excusas. Duerme bien y consume una variedad de alimentos saludables, hoy en día el trajín de la vida diaria afecta nuestro sueño, la comida chatarra o rápida está a la orden del día, pero debes ponerte la meta de cuidarte, tu cuerpo y tu mente te lo agradecerán. Aprende a meditar o algo que te guste hacer para relajarte como escuchar tu música favorita, flotar en el agua, dar un paseo en el bosque y respirar hondo, todo esto puede ayudarte a mantener tu mente enfocada.

2. Explora cosas nuevas

Hacemos tantas cosas sin pensar en ellas. Estas cosas se convierten en nuestras rutinas diarias, cosas monótonas y aburridas. Intenta algo nuevo. Puede ser algo tan sencillo como tomar una ruta diferente al trabajo o algo como tomar una nueva clase en algo que siempre has querido aprender, lo importante es que hagas algo diferente a lo que haces a diario como si fueras un robot programado para una sola tarea.

3. Empiece a pensar como Jorge el curioso

Hágase preguntas sobre todo lo que ve, escucha y lee. ¿Por qué? ¿Cómo? ¿Y si no fuera así? Descubra las respuestas a sus preguntas. También puede llevar un diario curioso y realizar un seguimiento de todos sus hallazgos.

4. Lee un libro nuevo

Elige uno que normalmente no elegirías. Puedes comprarlo, ir a la biblioteca o leerlo en línea. Si siempre has preferido leer libros de aventura, elija un libro de ficción o misterio. Hay tantos libros interesantes para leer y tantos géneros diferentes para elegir. Su bibliotecario estará encantado de ayudarle a explorar nuevos libros, incluso sería bueno que leas libros productivos sobre crecimiento personal, negocios, sobre el éxito, leer no solo te liberará también te llenará de conocimientos nuevos.

5. Actúa como un niño

Los niños son tan despreocupados, honestos y divertidos. Piense en lo que solía hacer para divertirse cuando era niño. Pinta un cuadro, saca esos carbones, pinta con los dedos, ve a tu parque de atracciones local, juega un videojuego ¡cualquier cosa que haría un niño! ¡Y divierte! No es estúpido hacerlo, encontraras que hacerlo te dará mucha paz interior.

6. Tomate un tiempo para ti

Tómate un tiempo todos los días para relajarte. Puedes ir a una sala de masajes, meditar, recostarte y cerrar los ojos y dejarte llevar por los sonidos de la naturaleza en tu reproductor de música, saca tiempo para consentirte, no pienses en problemas, ni en facturas ni en nada que no seas tú y tu felicidad.

7. ¿Y si...?

¿Y si me ganara la lotería? ¿Y si fuera a la universidad a estudiar finanzas o lo que tanto quiero? ¿Y si los extraterrestres fueran reales? ¿Y si hay una vida después de la muerte? Inventa sus propias preguntas hipotéticas y vea a dónde lo lleva su cerebro.

8. Sueña

Los sueños tienen mucha influencia creativa, aunque no todos los seres humanos sueñan igual, ni sueñan siempre, antes de acostarte mentalízate a soñar algo, así será más fácil que sueñes e intenta controlar tus sueños, si quieres volar vuela, si quieres un cielo rojo has que sea rojo, pinta tus sueños como si estuvieras creando un cuadro, no te limites, es un sueño, pero puede ser tu lienzo creativo.

9. Escribe sobre ti

¿Quién eres tú? ¿Qué tipo de persona eres? ¿Dónde has estado en tu vida? ¿Cuándo son las cosas más importantes de tu vida? ¿Por qué haces las cosas como lo haces? ¿Cómo vives tu vida cada día? Hazte esas preguntas y escribe las respuestas, veras que empezaras a conocerte un poco más y escribiendo fortaleces tu creatividad.

10. Tenga conversaciones con la gente

Escuche atentamente en las conversaciones, muchas veces pasamos por alto cosas importantes solo por estar esperando nuestro turno de hablar, pero si te rodeas de personas talentosas y positivas verás cómo influyen en tu creatividad, y como empiezas a obtener ideas simplemente prestando atención.

Escucha tus pensamientos internos

Todos tenemos sentimientos sobre cosas que suceden en la vida, pueden ser pensamientos y sentimientos desalentadores o pueden ser positivos, un ejemplo fácil de escuchar sus pensamientos internos es probarse ropa para una noche especial. Te pones la ropa y te miras al espejo, automáticamente piensas: me veo genial o dices este me queda mal y eliges otro atuendo. Esta es la forma más sencilla de escuchar tus pensamientos internos o tu intuición cuando se trata de tomar la mejor decisión.

Sin embargo, podemos dar muchos buenos usos a nuestros pensamientos internos en nuestra vida diaria si nos abrimos y sintonizamos con ellos. Nuestros pensamientos internos pueden ayudarnos a tener éxito en la vida, tener más confianza y vivir una vida más feliz, productiva y satisfactoria.

Tú eres el recurso más valioso que tienes en la vida cuando se trata de tomar las decisiones. Pues cuando piensas en soluciones automáticamente sabes si algo está bien o mal y cómo lograr los mejores resultados simplemente siguiendo su propia intuición, y muy rara vez nos decepciona.

Canalizar su intuición es fácil y aquí hay algunas formas simples de comenzar a usarla:
- Empiece por desarrollar su intuición, la manera más fácil es utilizándola para tomar decisiones que no sean demasiado importantes, por ejemplo, elegir lo que quieres para cenar o a qué película o restaurante ir.
- Le resultará más fácil sintonizarse con usted mismo y con sus pensamientos internos cuando esté tranquilo, así que elija una habitación en la que sepa que no se verá perturbado a la hora de tomar decisiones importantes. Una buena técnica es cerrar los ojos y respirar profundamente un par de veces, concentrarse por completo en la pregunta o tarea en cuestión y poco a poco tu mente empezara a darte respuestas.
- Debes estar dispuesto a admitir que se pueden cometer errores al escuchar la intuición, si bien su intuición generalmente es correcta, puede malinterpretar sus pensamientos internos que pueden llevar a cometer un error. Sin embargo, debe aprender de los errores que comete y continuar desarrollando y fortaleciendo su guía interior, recuerda que no somos perfectos, cualquier cosa puede fallar, lo importante es aprender de los errores y seguir avanzando.
- Cuando permita que su guía interior llegue, no confunda las cosas esforzándose demasiado en obtener una respuesta o inclinándose a una respuesta de una forma u otra, espere que la respuesta fluya naturalmente, lo más probable es que si se está inclinando por ir en una dirección, entonces ya tiene la respuesta.

Seguir lo anteriores consejos es la forma más fácil de hacer que su guía interior comience a emerger cuando lo necesite, cuanto más lo busque y lo use, más fácil será. Como el personaje de dibujos animados "Pepito grillo" le cantó a su amigo Pinocho "siempre deja que tu conciencia sea tu guía", lo mismo se aplica en la vida real, sigue tu corazón, tus pensamientos y sentimientos internos y pocas veces te equivocarás. Es solo cuando comenzamos a perder la fe y a dudar de nosotros mismos o nos volvemos indecisos que nos bloqueamos o cometemos errores.

Las imágenes mentales funcionan

Una de las herramientas más poderosas e inspiradoras que se puede utilizar a diario es algo que cada uno de nosotros posee, nuestra propia imaginación. Tus propios pensamientos, conocimientos, ideas e intuición se pueden utilizar en su vida diaria para hacer cambios positivos para mejorar en cualquier aspecto de la vida. Todos tenemos una imaginación, aunque algunos de nosotros tenemos una más vívida que cobra vida más rápido que otros, pero con un poco de práctica, todos podemos formar imágenes en nuestra mente para beneficiarnos.

Usando la imaginación como herramienta

La forma en que usa su imaginación para beneficiarlo en su vida diaria solo está limitada por usted, puede usar su imaginación para visualizar cualquier cantidad de cosas y usarla para casi cualquier situación. La visualización funciona formando una imagen positiva del resultado de una situación y viendo este resultado positivo en su mente como si estuviera sucediendo y permitiendo que reemplace cualquier pensamiento negativo que haya tenido. Debe desarrollar la visualización tanto como pueda y mirarla desde todos los ángulos y perspectivas, la imagen mental que construye en su mente debe ser lo más clara posible de cómo desea que resulte la situación. Piense en su imaginación y la imagen mental que construye como un plano para desarrollar y construir, al igual que un arquitecto usa un plano cuando diseña un proyecto de principio a fin.

Los cimientos

Empiece por sentar las bases de su idea o qué es lo que desea cambiar en su mente y poco a poco construya desde abajo, visualizando claramente cada pequeño rincón y grieta de la idea, el trabajo de base detrás de su idea es la base de su éxito. Al establecer los cimientos piense en lo siguiente

- ¿Qué es exactamente lo que quiero lograr o cambiar?
- ¿Qué diferencia hará esto?
- ¿Puedo lograr lo que quiero por mi cuenta?
- ¿Qué tengo que cambiar en mi vida para lograr esto?
- ¿Qué tengo que aprender para lograr esto?

Una vez que haya sentado las bases para lo que sea que desee cambiar en su vida, puede seguir adelante y desarrollar su plan, visualizar el proyecto en cada paso del camino con la mayor claridad posible y ver el proyecto de principio a fin en su mente con la mayor precisión posible. Cuando haya completado la visualización en su mente, entonces puede tomar medidas para lograr lo que desea, si lo desea, puede anotar los pasos que tomó en su mente por escrito para lograr el resultado y seguirlos desde el principio. para terminar.

Los puntos clave

Los puntos clave para utilizar las imágenes mentales con éxito en cualquier aspecto de su vida son

- Enfoca tu imaginación en una idea.
- Formar una imagen o imagen mental tan clara de la idea y el resultado en su mente.
- Construye la idea desde los cimientos hasta su finalización.
- Ejecutar con éxito tu plan.

Cuidando tu salud mental

Para vivir una vida más feliz y saludable debes cuidar más que tu salud física a través de la dieta y el ejercicio, también debes cuidar tu salud mental. Solo teniendo un sistema completo de vida saludable puedes ser una persona sana, mientras que el ejercicio es importante para tu cuerpo, también es importante para tu mente.

El estrés nos llega a todos de una forma u otra con preocupaciones sobre las finanzas, la seguridad laboral, las responsabilidades y las relaciones, todo lo cual afecta nuestra salud mental. El estrés es uno de los factores más importantes para alterar nuestra salud mental y, en última instancia, nuestro bienestar, es tan importante reducir el estrés en su vida como reducir la ingesta de grasas, azúcar y calorías para mantenerse saludable.

Hay muchas formas en las que podemos cuidar nuestra salud mental y eliminar parte del estrés de nuestro día, algunos de los pasos que puede seguir para permanecer libre de estrés incluyen

- Aprenda a administrar mejor su día y su tiempo estableciendo metas realistas que pueda lograr todos los días.
- Aprenda a utilizar su tiempo de manera más eficiente durante el día enfocándose y completando una tarea a la vez antes de pasar a otra.
- Sea flexible en su forma de pensar cuando se trata de completar tareas, si no puede realizarlas de la manera que había planeado, hágalo de otra manera.

- Tome pequeños descansos a lo largo del día, estos le darán tiempo para despejar la cabeza y volver al camino y mantenerse concentrado en la tarea en cuestión.
- Admite que eres solo un ser humano y no puedes hacer todo, admite cuando necesitas un poco de ayuda y no temas pedir esa ayuda si la necesitas.
- Aprenda cuándo decir "NO", a muchos nos gusta hacer favores, pero cuando no sabes decir NO, puedes terminar muy cargado de tareas que no tendrías que estar realizando, eso podría causarte estrés.
- Nunca intente forzar demasiado su cuerpo, usted solo no puede hacer mucho en un día, si trata de esforzarse continuamente más allá de sus límites, se estresará su cuerpo y mente además terminará extenuado y posiblemente enfermo.
- Aprenda a reconocer cuándo está comenzando a estresarse y tome medidas inmediatas para aliviar ese estrés.
- Aprenda técnicas con las que puede eliminar rápidamente el estrés, hay una amplia gama de técnicas que puede utilizar, algunas funcionan mejor que otras y le brindan mejores resultados. Las técnicas como los ejercicios de respiración y la visualización son una medida muy eficaz que se puede utilizar para aliviar rápidamente el estrés y permitirle volver a concentrarse.
- Las afirmaciones positivas pueden ayudarlo a lidiar con el estrés de manera efectiva, una mente positiva con pensamientos positivos es una mente más saludable.
- Siempre haga tiempo para un momento de tranquilidad, tiempo para relajarse y hacer algo que disfrute y no se sienta culpable por tomarse este tiempo.

Capítulo III: Superar el pensamiento negativo

Disipando los temores con una perspectiva más positiva

Los miedos y las fobias son algo que puede afectar a cualquier persona hasta cierto punto, mientras que la mayoría de nosotros puede vencer el miedo y la mayoría de fobias pues algunas son aversiones más que fobias reales, para algunas personas el miedo y la fobia pueden ser muy angustiantes y tener un gran impacto, impacto en su vida diaria.

El miedo y las fobias obviamente causan negatividad y la negatividad constante nos deprime, mientras que algunas fobias y el miedo pueden ser muy arraigados, puedes romper el control que tiene sobre ti con tiempo y ayuda. Hay varios métodos de ayuda, y cuanto más profundamente sembrados el miedo o la fobia, más probable es que se recomiende la ayuda profesional en forma de terapia o hipnoterapia. Si el miedo es leve, puede superarlo utilizando métodos de autoayuda.

Entender los miedos y las fobias

Para poder vencer los miedos y las fobias es fundamental que los entiendas, el miedo y la fobia simplemente nos provocan pensamientos y sentimientos incómodos cuando te expones a determinadas situaciones, personas o cosas o incluso animales u objetos. Puede traer sensaciones como náuseas, vómitos, mareos, una banda que te aprieta alrededor de la cabeza, dolores en el pecho, sensación de falta de aire y temblores. Todos estos son sentimientos que nosotros mismos permitimos que se acumulen y se apoderen de nuestra mente y cuerpo, disipar el miedo es una cuestión de recuperar el control y aceptar que en realidad muchas de esas cosas no pueden hacernos daño.

Esta es la base detrás de curar cualquier forma de miedo o fobia, aunque si lo sufriste durante muchos años te llevará más tiempo recuperarte, la recuperación es posible. Las fobias y el miedo son básicamente ansiedad exagerada, y aprender métodos y formas de relajarse es un buen comienzo para curar el miedo y las fobias. Hay muchos libros de autoayuda, DVD, cursos presenciales o virtuales y cursos de audio que pueden ayudarlo a comenzar, cualquier material de autoayuda diseñado para lidiar con la ansiedad y el estrés ayudará, pero hay muchos dirigidos específicamente a quienes sufren de miedo y fobia.

Beneficios de superar el miedo

Los beneficios de lidiar y superar la fobia y el miedo son inmensos y quienes se han recuperado y superado sus miedos y fobias lo han comparado con renacer de nuevo, el mundo adquiere un nuevo significado cuando los miedos se disipan. Se desarrolla una nueva perspectiva positiva que lo lleva a vivir una vida más feliz y plena, comienza a sentirse bien consigo mismo y lo que puede lograr en la vida, finalmente es libre de hacer cualquier cosa y todo lo que su corazón desee.

Si bien es posible que ocasionalmente haya algo de ansiedad por un momento cuando se enfrente a su miedo o fobia, será diferente al miedo intenso que una vez lo dejó incapacitado. Una vez que te hayas dado cuenta de que la clave para superar estos sentimientos está dentro de ti, el miedo que sientes no tendrá el mismo control sobre ti que antes y eventualmente lo dejará por completo.

Superar la disociación

La disociación se define como desconexión y falta de continuidad entre los pensamientos, los recuerdos, el entorno, las acciones y la identidad.

La disociación nos causa problemas con nuestras emociones, sensaciones físicas y cómo nos sentimos con nosotros mismos y con el mundo que nos rodea. A menudo se asocia con depresión y ansiedad o cuando una persona ha pasado por una experiencia traumática. Las personas que sufren de disociación ofrecen sentimientos de irrealidad y, a menudo, temen volverse locas o tener alguna enfermedad incurable. Hablar con otras personas y estar cerca de ellas se vuelve casi imposible y la ansiedad profunda causada por los sentimientos puede convertirse en una fobia social.

El sentimiento de disociación puede variar de persona a persona dependiendo de las circunstancias que lo provocaron, pero los pensamientos y sentimientos comunes asociados con la disociación incluyen:

- El mundo alrededor se siente irreal.
- Sentir que no se es parte de este mundo.
- Una niebla gris que cubre la visión.
- Como tener un velo sobre tu cabeza.
- El mundo se mueve a un ritmo más rápido de lo normal.
- Confusión.

- Una terrible sensación de no poder hacer frente.
- Inseguridad de ti mismo.
- Otros encuentran la felicidad, pero tú no.
- Ansiedad extrema.
- Sentimientos de que todos están en tu contra.
- Sentimientos de que todo el mundo habla de ti.

Estos son solo algunos de los sentimientos causados por la disociación y estos sentimientos eventualmente hacen que la víctima crea que tiene que volverse más introvertido. Continuamente están mirándose y criticándose a sí mismos, por supuesto, cuanto más se escudan y se esconden, peores son los síntomas.

La terapia cognitivo-conductual puede ayudar a quienes sufren a superar los sentimientos de disociación, especialmente cuando la causa es un trauma severo. Aquellos que sufren de disociación debido a la ansiedad y el estrés pueden deshacerse de los sentimientos mediante métodos de autoayuda y la ayuda y comprensión de un psicólogo.

Es importante recordar que el mundo en realidad no ha cambiado, es solo tu percepción del mundo y de los que te rodean lo que realmente ha cambiado y estos son solo pensamientos y sentimientos temporales que estás teniendo. Una vez que hayas conquistado y superado lo que está causando los sentimientos de disociación, verás las cosas como antes. Para quienes padecen sentimientos de disociación por depresión y ansiedad deben darse cuenta de que los sentimientos son solo eso, no más que sentimientos y estos sentimientos se irán con el tiempo. Es importante no estar constantemente estudiándolos y preguntándose cuándo se irán, tratar de aceptar que están aquí por un tiempo y no pensarlos más. Una vez que haya perdido algo de interés en sus sentimientos y no se preocupe constantemente por ellos, puede ser sorprendente lo rápido que el mundo se convierte una vez más en el mundo que una vez conoció. Aceptar sus sentimientos y cualquier pensamiento que pueda tener durante este período es esencial, ya que solo cuando pierde el miedo a la situación puede recuperarse.

Superando la duda

Superar la duda es fácil, si no lo dudas, claro. Sin embargo, la mayoría de nosotros abrigamos un elemento de duda en nuestra mente sobre el éxito cada vez que intentamos algo nuevo. De hecho, casi todo el mundo está plagado de dudas de algún tipo. Tomemos la ciencia, por ejemplo. ¿Cree que todo el avance científico logrado hubiera sido posible sin cuestionar los supuestos predominantes al principio? Suponga que desea iniciar un negocio o lanzar un proyecto novedoso. ¿Está absolutamente seguro de que tendrá éxito? Siempre hay un poco de miedo o duda al principio.

A pesar de su duda, no puede permitir que eso le impida alcanzar su objetivo final. La razón es simple. Debe estar preparado para arriesgarse al fracaso porque es importante para superar las dudas. Sumérjase en lo que sea sin tomar decisiones precipitadas. No se preocupe, no se sumergirá sin el equipo adecuado. Analizará todas las posibles consecuencias de su situación y aceptará el resultado, sea el que sea. Este es el secreto para vencer la duda. Ten el coraje de luchar y seguro que lo vencerás.

La creencia es enemiga de la duda. Aprenda a pensar positivamente y a creer en su capacidad para tener éxito. Recuerde que tendrá éxito si cree que lo tendrá y fracasará si piensa eso también. Tus pensamientos son profecías auto cumplidas, por lo que debes dejar de pensar negativamente. Del mismo modo, nunca prestes atención a las personas que te desaniman, que se deleitan en sembrar dudas en ti y que en realidad son lobos con piel de oveja. Esté siempre en compañía de aquellas personas cuyos pensamientos y actitudes ante la vida en general sean positivos.

Cuando el fracaso golpea

Probablemente no tendrás la suerte de no experimentar nunca un fracaso en tu vida. Sin embargo, debes entender que es parte de la vida. Estos son los momentos en que el fracaso llena su mente de dudas y es difícil reunir la confianza que acumuló al principio del proceso. No puede abandonar su compromiso, no importa lo conmovido que esté por el fracaso. De hecho, cualquier contratiempo solo debería impulsarlo a duplicar su determinación para hacer otro intento de alcanzar su objetivo. Para que esto suceda, entrene su mente para desarrollar su autocontrol y confianza en sí mismo. Cada paso hacia la confianza en uno mismo ayuda a deshacerse de la duda y volverá a sus caminos exitosos una vez más.

Duda sana

Recuerde que una cierta cantidad de duda siempre puede ser útil para obtener sabiduría o avanzar en la vida. Pero cuando se convierte en la causa de su depresión e inactividad o cuando se erige como un obstáculo insuperable en su camino para llegar a su destino, utilice sus reservas de energía que puedan fortalecer su mente. Tienes que fortalecer tu voluntad de triunfar a toda costa y debilitar la duda por todos los medios posibles, para que lleves una vida de plenitud.

Puede tener éxito debido a sus dudas o a pesar de sus dudas. O puede que tenga que aceptar lo inevitable y comprometerse con el peor de los casos que se presente. Si esto sucede, simplemente cambie de rumbo, vuelva a recargar energías y comience de nuevo evitando cometer los mismos errores que te hicieron fracasar. Derrota la duda antes de que te derrote.

Superar los sentimientos de impotencia

Todos nos encontramos con sentimientos de impotencia en algún momento de nuestra vida, esto está bien siempre y cuando volvamos al camino y superemos estos sentimientos. Sin embargo, para algunos, los sentimientos de impotencia se instalan y comienzan a afectar su forma de pensar y de vivir. A continuación, se ofrecen algunos consejos útiles que le ayudarán a comprender esos sentimientos de impotencia y cómo superarlos.

- Empiece por identificar los problemas, miedos, cuestiones y obstáculos que le hacen sentir impotente y trate de descubrir por qué le hacen sentir así.
- Trabaje en formas que lo alienten a asumir nuevas creencias de que puede ser independiente, seguro de sí mismo y capaz de lidiar con cualquier cosa que surja en el futuro.
- Aprenda formas de lidiar con estos sentimientos de impotencia cuando surgen.
- Practique formas de lidiar con conflictos y resolución de problemas cuando surjan.
- Si tiene una recaída y comienza a dudar nuevamente, recuerde que esto es normal, no se desanime, tome un nuevo aire y retome desde donde lo dejó.
- Sea cual sea el éxito, por pequeño que sea, asegúrese de recompensarse.
- Date cuenta de que tomará tiempo cambiar nuestros sentimientos de impotencia, así que esfuérzate siempre por alcanzar tus metas.
- No apuntes a la perfección todo el tiempo, nadie es perfecto, todos cometemos errores
- Identifique lo que necesita hacer para crecer en las habilidades de afrontamiento, auto curación y autoconfianza.

Los sentimientos de impotencia pueden causarnos muchos problemas en la vida, cuanto más tiempo te sientes desamparado, menos control tienes sobre tu propia vida; aquí hay algunas experiencias comunes que ocurren a través de la impotencia.

- Empiezas a sentir que no importa lo que hagas o cuánto te esfuerces, no puedes tener éxito en la vida.
- Te vuelves demasiado dependiente de los que te rodean para ayudarte a superar tus problemas.
- Te ves totalmente incompetente.
- Desarrollas un miedo profundamente arraigado a no poder manejar una situación.
- Te vuelves miserable, infeliz en la vida y la depresión se arraiga en ti.
- Te consideras una víctima que siempre necesita ser rescatada de las situaciones difíciles.
- Tienes una visión pesimista de la vida en general.
- Tienes miedo de que los demás te vean frágil y débil.
- Te desanimas porque te quedas sin personas que estén dispuestas a cuidarte y resolver tus problemas.
- Te resignas al hecho de que siempre estarás indefenso, de que no puedes cambiar.

Hay muchas formas en que puede ayudarse a sí mismo a superar estos sentimientos, lo importante que debe recordar es que no está solo y puede recuperar el control de su vida y tomar decisiones importantes nuevamente para resolver con éxito sus problemas. Todo lo que necesitas es tener fe en ti mismo y profundizar, encontrar esa fe y llevarla a la superficie. Si bien todos tenemos la capacidad de superar nuestros problemas por nosotros mismos, no está de más recibir consejos de amigos y parientes siempre que no dependa totalmente de ellos para resolver sus problemas.

Superar los conflictos internos

El compromiso hace que la vida sea mucho más fácil de manejar, al tomar una decisión y aferrarse a ella sin importar qué y mantenerse comprometido sin dejar que los pensamientos no deseados entren en su mente, usted puede lidiar con cualquier obstáculo en su camino. Los conflictos internos no nos llevan a ninguna parte más que a la indecisión y son una invitación abierta al estrés y a la pérdida de confianza en nosotros mismos.

Si bien todos los tenemos en algún momento u otro, es importante que sepamos cómo lidiar con ellos y resolverlos y seguir adelante con una actitud positiva nuevamente, al resolver los conflictos internos puedes mejorar enormemente tu autoestima, permítete estar más concentrado y sentirse menos estresado, escuchar tu voz interior y guiarse a la hora de tomar decisiones y tener el control total de su vida, gestionar y alcanzar las metas que se ha propuesto en la vida y crear una vida más saludable. un futuro más relajante y feliz.

Los conflictos internos hacen estragos en nuestras emociones y conducen a una baja autoestima, poca confianza en uno mismo y depresión. Teniendo esto en cuenta, es fundamental desterrar los conflictos internos cuando surjan y no dejar que empiecen a apoderarse de ti. El conflicto interno puede desarrollarse de diferentes maneras: puede provenir de la indecisión o de sentimientos profundamente arraigados que surgen de problemas no resueltos en su vida, incluso podrían provenir de cosas que sucedieron en su infancia. Después de todo, la persona que es ahora es el resultado de lo que ha sucedido a lo largo de su vida, en lugar de lidiar con los problemas no resueltos, tal vez construyó un muro y los retuvo en lugar de enfrentarlos y lidiar con ellos. Es esencial que derribes el muro y los saques a la luz y los enfrentes ahora, superando los problemas no resueltos y los conflictos internos que se basan en:

- Dejar ir el pasado y las creencias del pasado, lo que incluye dejar ir los viejos hábitos y emociones, descubrir el verdadero yo interior y escuchar el yo interior.
- Date cuenta de que eres capaz de ayudarte a ti mismo y convertirte en la persona que realmente eres.
- Aprender a enfocarse y centrarse en usted mismo, darse cuenta de lo que lo estresa y por qué
- Obligarse a soltar los sentimientos y pensamientos que alberga en relación con problemas pasados.
- Visualizando tu nuevo tú, más seguro y decisivo hasta que se convierta en una realidad.

Hay muchos cursos, libros de autoayuda, DVD y CD de audio o incluso videos gratuitos en plataformas como YouTube que pueden ayudarlo a superar problemas pasados no resueltos y, por lo tanto, superar y lidiar con conflictos internos. Sin embargo, no existe una cura mágica y tomará tiempo resolver estos problemas y empezar a ver una mejor manera de afrontar y afrontar la vida. Mientras que algunos de nosotros cambiamos simplemente usando métodos de autoayuda, otros se benefician más asistiendo a grupos de reuniones o viendo a un terapeuta en las primeras etapas. Sin embargo, es importante darse cuenta de que puede cambiar y solo usted puede hacerlo, sea cual sea el método que elija para llegar allí. Básicamente, todo se reduce a lo mismo, cambiar tus sentimientos y pensamientos.

Superar la intimidación

La intimidación puede ocurrir en todas partes, en todos los ámbitos de la vida y puede ocurrir en cualquier grupo de edad. Sucede en la escuela, el lugar de trabajo por los compañeros de trabajo o el jefe, al hacer compras y en muchas otras situaciones.

Algunas personas ni siquiera son conscientes de que están siendo intimidadas, mientras que otras pueden convertir su vida en una miseria día tras día y sufrir intimidación de forma regular. Incluso podría ser usted quien intimida a los demás.

Las personas que se sienten intimidadas constantemente pasan por muchos sentimientos, pero hay muchos pasos que puede tomar para ayudar a eliminar la intimidación. Para poder lidiar con éxito con la intimidación, primero debe comprender qué es realmente la intimidación, puede presentarse en muchos disfraces.

- Usar la fuerza para obtener lo que quiere de los demás.
- Amenazar o usar el poder y el control para que otros hagan lo que usted quiere.
- Hacer que los demás crean que son más poderosos que tú
- Usar tamaño o fuerza para hacer que otros hagan lo que usted quiere o amenazarlos.
- Imponer castigos o manipular con argumentos como: ser despedido, golpear o amenazar con irse o divorciarse.
- Estar de mal genio, enojarse o enfurecerse con alguien para lograr que haga lo que usted quiere.
- Comportarse de una manera que haga que otros tengan miedo de acercarse a usted.
- Usar su riqueza para que otros hagan lo que usted quiere.
- Usar insultos raciales o sexuales hacia otros.

Hay muchos pasos que puede tomar para dejar de permitir que otros lo intimiden, el primer paso que debe tomar es mirarse a sí mismo y determinar si su forma de pensar irracional y poco saludable le ha permitido sentirse intimidado por los demás. Si cree que este podría haber sido el caso, debe tomar medidas como las siguientes:

- Identifique nuevas formas de pensar más saludables que lo ayuden a superar y responder a los factores intimidantes.
- Muestre sus nuevas formas de pensar y actuar a quienes lo están intimidando, esto les mostrará que ya no está dispuesto a dejarse intimidar por ellos.

- Desarrolle formas de tratar con las personas en caso de que respondan negativamente a su nuevo yo.
- Vea las consecuencias de su nuevo comportamiento asertivo.
- Manténgase firme y acepte las consecuencias de su nuevo comportamiento.

El siguiente paso que debe tomar una vez que haya desarrollado una estrategia para lidiar con aquellos que lo intimidan es desarrollar formas de reforzar sus creencias en su nuevo yo. La forma más sencilla es utilizar afirmaciones diarias o un diálogo interno positivo. Los ejemplos de diálogo interno positivo incluyen.

- Soy una buena persona, que es digna y merece ser tratada con respeto.
- No veré a nadie como si fuera más que yo.
- Soy importante pero no más que los otros.
- No permitiré que otros me intimiden
- No hay nadie por ahí que pueda intimidarme

Superar la necesidad de tener el control

Algunos de nosotros tenemos problemas cuando se trata de tener el control, simplemente tenemos la necesidad de controlar todos los aspectos de la vida de quienes nos rodean y esto puede generar muchos problemas. Hay muchos efectos negativos que vienen con la necesidad compulsiva de solucionar los problemas de todos y pueden tener un efecto severo en su vida en general. Entonces, ¿cuál es la necesidad de tener el control o querer guiar a otros? Además, ¿cuáles son los efectos negativos? ¿Y cómo puede ayudarse a sí mismo a renunciar a la necesidad de tener el control?

Se podría decir que tiene problemas de necesidad de tener el control si alguna de las siguientes situaciones se aplica a usted o a alguien que conoce.

- Vas compulsivamente al rescate de alguien, sin importar si te piden ayuda o no, solo porque crees que es la forma en que se debe abordar la tarea o situación.
- La sensación de que otras personas lo necesitan se convierte en una respuesta automática para usted.
- Cree firmemente que las cosas deben ser perfectas o adecuadas para las personas; de lo contrario, no es posible que sean felices en la vida.
- Sientes que tienes que cambiar a las personas porque no puedes aceptarlas como son.

- Cree firmemente que sabe lo que es mejor para los demás y hace todo lo posible para que vean las cosas a su manera.
- Aceptas la responsabilidad personal por las acciones de los demás.
- No puede evitar dar consejos a otros u ofrecerles su ayuda.
- La gente te ve como una interferencia en sus vidas.
- Tienes una gran necesidad de sentirte querido o necesitado, lo que te lleva a involucrarte demasiado en los negocios y asuntos de los demás.
- No te sientes bien si no está ayudando a otros o solucionando sus problemas.

Los efectos negativos más comunes que un comportamiento compulsivo como este puede tener en una persona incluyen:

- Desarrollas relaciones donde las personas se vuelven demasiado dependientes de ti
- No puede permanecer sin involucrarse emocionalmente si se encuentra con alguien que considera que necesita su ayuda.
- Pierdes amistades debido a que necesitas controlar sus vidas.
- Empiezas a descuidar tus propias necesidades a favor de tratar con los que te rodean.
- Estás lleno de culpa si las cosas no mejoran para una persona.
- Es posible que se enoje con aquellos a quienes ha ayudado si no muestran suficiente reconocimiento por lo que ha hecho.
- Desarrolla una baja autoestima al poner a otro por encima de sí mismo.

Las formas que puede desarrollar para superar la necesidad de tener el control son:

- Tener la creencia de que los demás tienen la capacidad de solucionar sus propios problemas.
- Establezca un límite entre aquellos que cree que necesitan su ayuda.
- No se haga a la idea que necesita el reconocimiento de los demás.
- Acepta que la única persona que debes controlar eres tú mismo.
- Tenga en cuenta que las personas tienen la capacidad de cambiarse a sí mismas si lo desean.
- Ofrezca ayuda solo a quienes claramente la soliciten.

Superando el trauma

Son muchos los pensamientos y sentimientos asociados a una experiencia traumática, el trauma se produce cuando nos enfrentamos a cualquier situación terrible, como un accidente automovilístico, incendio, testigo de un accidente o asesinato, desastre natural, un atentado a su persona, guerra, etc. Muchas personas que se están recuperando de una experiencia traumática bloquean mentalmente la experiencia que les causó angustia, mientras que otros la reviven una y otra vez. El trauma puede traer muchos sentimientos como

- **Conmoción**: la conmoción es una reacción normal a cualquier experiencia traumática y cuanto más cerca estuviste de la experiencia, más conmoción se produce. Tu cerebro tiene que procesar las terribles imágenes que has visto y es entonces cuando las sensaciones de conmoción aparecen y tomarán algún tiempo para ser superadas.
- **Incredulidad**: muchas personas que experimentan una situación impactante creen firmemente que lo que han presenciado no puede haber sucedido.
- **Negación**: mucha gente niega que el evento haya sucedido; tratan de sacarlo de su mente.
- **Dolor emocional**: incluso si no ha sido herido en el incidente, sentirá el dolor de quienes lo rodearon.
- **Ira**: después de la conmoción, la ira te llenará, te preguntarás "¿por qué te ha pasado esto?" Y puedes sentir ira hacia todo el mundo o a los causantes del evento.
- **Culpa**: muy a menudo nos culpamos a nosotros mismos o a los demás por lo que ha sucedido, incluso podemos culpar a Dios por permitir que esto suceda.
- **Tristeza**: cuando superes una experiencia traumática en particular, sentirás oleadas de tristeza que de repente te abrumarán.
- **Depresión**: durante algún tiempo después de la experiencia, puede caer repentinamente en depresión de vez en cuando.
- **Ansiedad**: la ansiedad a menudo se desarrolla a partir del miedo y puede continuar durante algún tiempo después de la experiencia.

Todos los anteriores son los sentimientos y pensamientos más comunes asociados con haber pasado por un trauma; estos sentimientos pueden venir en cualquier momento y sin ningún orden en particular. Lo que debes darte cuenta es que estos sentimientos son naturales y son la forma de tu cuerpo y tu mente de lidiar con lo que sucedió, los sentimientos y pensamientos eventualmente se disiparán con el tiempo. Hay muchas formas en que puede enfrentarlos y ayudarse a sí mismo a superarlos, la mejor manera para usted, por supuesto, dependerá de la gravedad del trauma al que estuvo expuesto. Sin embargo, hay una serie de habilidades de afrontamiento que se pueden aprender para ayudarlo a superar el trauma.

- Aceptar lo que pasó y dejarlo en el pasado, pensar en el presente y en sus metas futuras.
- Escuchar y aceptar consejos de familiares, amigos o consejeros.
- Aceptar que la vida continúa.
- Cambiar tu entorno.
- Participar en actividades recreativas.
- Retomando tu vieja rutina diaria.
- Participar en seminarios, eventos, deportes, o encontrar un hobby.

Capítulo IV: Convertirse en una persona optimista y lograr metas en la vida

Desarrollando tu propia imagen

Cómo te ves a ti mismo contribuye en gran medida a cómo te sientes contigo mismo y cómo los demás te ven y piensan en ti. Si piensas positivamente por dentro, brillarás de confianza por fuera y te encontrarás con los demás de esta manera. Sentirse bien consigo mismo es esencial si quieres ser feliz en la vida y aprovecharla al máximo, puede marcar la diferencia entre el éxito o el fracaso, se trata de cómo ves tu propia imagen.

Las personas sufren de baja autoestima por muchas razones y si han sido criadas sintiéndose mal consigo mismos, desarrollar una imagen positiva de sí mismas será difícil, pero no imposible. Desarrollar una actitud positiva se trata de cambiar sus pensamientos y sentimientos sobre sí mismo y si ha tenido pensamientos negativos durante mucho tiempo, cambiar el hábito llevará tiempo. Sin embargo, adaptando una nueva forma de pensar y apegándose a esta nueva forma de pensar, eventualmente desterrará los sentimientos negativos no deseados y los reemplazará automáticamente por positivos en su vida diaria. Cuando esto sucede, su perspectiva cambia y con su perspectiva, usted cambia, donde una vez que pensó que algo estaría más allá de sus capacidades, ahora lo verá bajo una luz diferente y comenzará a darse cuenta de que está a su alcance.

Hay muchas formas que puede utilizar para desarrollar una autoimagen y estima más positivas, hay libros de autoayuda dedicados al tema, sesiones de audio, DVD, audio de hipnoterapia o asistencia a sesiones de asesoramiento. Sin embargo, todos se basan básicamente en el mismo principio, comprender qué es realmente la confianza, ganar confianza en uno mismo, deshacerse de las creencias negativas y reemplazarlas por otras positivas y estrategias de aprendizaje que le permitan mantener la confianza en cualquier situación.

Los conceptos básicos detrás del desarrollo de una perspectiva y una autoimagen más positivas son:

- Pensar en la autoimagen positiva y la confianza y comprender lo que significa para usted
- Conocerse mejor a sí mismo, reconocer sus fortalezas y aprovechar esas fortalezas

- Avanzar y cambiar constantemente los pensamientos negativos por otros más positivos.
- Reflexionar sobre lo que ha aprendido y ver los cambios positivos que está haciendo en su vida.

Todos hablamos con nosotros mismos en un momento u otro, y podemos encontrarnos continuamente desanimándonos y somos muy lentos para alabarnos. Esto debe cambiarse. Debemos cambiar el diálogo interno inútil y reemplazarlo por un diálogo interno positivo y alentador, la forma más fácil de hacerlo es:

- Deshacerse de los pensamientos irracionales y reemplazarlos por pensamientos racionales
- Reemplaza los pensamientos y sentimientos negativos por positivos
- Date crédito
- Repítete afirmaciones positivas a ti mismo cuando sea necesario a lo largo del día.

Cambia la forma de tu propia imagen

Si bien todos entendemos la importancia de comer sano, hacer ejercicio y hacer dieta, muy pocos se dan cuenta de que cambiar la imagen que tenemos de nosotros mismos es tan importante como llevar un estilo de vida saludable. Lo que piensas y sientes acerca de ti mismo contribuye en gran medida a traer felicidad y éxito a tu vida, para cambiar tu imagen de ti mismo, al igual que le das a tu cuerpo un entrenamiento, también debes ejercitar tu mente.

El primer paso que debe tomar es determinar qué es exactamente lo que le gustaría ser y en qué ya eres bueno o disfrutas hacer. Podría ser que eres bueno para los deportes, la poesía y para pasar tiempo con amigos. Lo único que no debes hacer es crear una lista de cosas que no te gustan de ti. Esto solo lo haría sentir mal y obstaculizaría su capacidad para cambiarse a sí mismo y su propia imagen. Si te concentras en lo bueno que hay en ti mismo, podrás cambiar rápidamente tu imagen de ti mismo en algo de lo que estés orgulloso, en pocas palabras debes darle mayor importancia a todos tus talentos y virtudes y minimizar tus defectos.

La visualización y las afirmaciones pueden ayudarte a darte cuenta de lo genial que ya eres. Mírate haciendo y convirtiéndote en todo lo que escribiste en tu libreta anteriormente. Repite afirmaciones positivas a lo largo del día para ayudar a que la nueva forma de pensar se asimile y desarrolle su nueva forma de ver la vida. Al imaginar vívidamente este nuevo yo, su mente se volverá a entrenar hasta que comprenda que todas las cosas que visualiza son verdaderas.

Considere llevar un diario

Durante este proceso, se beneficiará de llevar un diario sobre su transformación, podrá mirar hacia atrás y esto ayudará a fortalecer su imagen de sí mismo y reforzar su nuevo yo. Es importante que dejes ir tu pasado y pienses solo en el futuro y en tu nuevo yo, desarrollarás tu nueva imagen de ti mismo más rápidamente al enfocarte en lo que estás logrando y todavía tienes que lograr.

Los objetivos te llevaran a la meta

Puedes ayudarte a construir una imagen positiva de ti mismo si te fijas metas alcanzables y luego se esfuerza por alcanzarlas. Empiece con metas pequeñas esto va creando una sensación y sentimiento de éxito en su vida, lo que es vital para construir tu nueva imagen. Fíjese metas en cualquier área que desee, laboral, personal, de salud, fitness y luego dé el primer paso, fíjese un tiempo realista para lograr cada objetivo y felicítese cuando logre alcanzarlo, no tengas miedo o dudes de celebrar tu triunfo, la sociedad nos enseña a aplaudir a los que se gradúan, a los que prosperan, a los que alcanzan sus metas, pero se nos reprime a la hora de celebrar nuestros triunfos, tienes que romper con esas costumbres y empezar a elogiarte, a darte un regalo, a celebrar cada que alcances una meta, esto no solo te hará sentir bien contigo mismo sino que te ayudara a buscar el éxito más constantemente.

La forma en que elija cambiar su imagen de sí mismo depende completamente de usted, no hay limitaciones para lo que puede lograr si se lo propone y está decidido a trabajar para alcanzar la meta deseada. Si se desvía del camino que lo lleva allí, no se desanime ni se rinda, vuelva al camino y continúe con determinación, recuerde muchos grandes empresarios han fracasado, incluso han quebrado, pero han retomado el camino con perseverancia y fe en sí mismos y lo han podido lograr.

Te estás comprometiendo a trabajar duro para lograr lo que quieres. Planea lo que harás cuando finalmente alcances tu objetivo final, debes apuntar a darte un regalo especial, te lo mereces. Asegúrese de que sea algo que te guste como una gran cena especial, un viaje, un día de spa o cualquier cosa que te llene de felicidad no necesariamente tiene que ser algo costoso, pero que te sirva durante los momentos difíciles, por que tenerlo en cuenta te dará un incentivo y sentirás que el esfuerzo valdrá la pena.

Cómo llevar un diario puede ayudarte a tener éxito

Nunca debes subestimar el poder de llevar un diario escrito, aunque parezca algo infantil o estúpido, hay muchas formas en que un diario puede ayudarte a tener más éxito en la vida. Puedes usarlo para ayudarte a asociar tus sentimientos con tus pensamientos y tus pensamientos con tus sentimientos y esto es lo más importante para tener éxito en la vida. Tu diario puede ayudarte a descubrir qué te motiva en la vida, desarrollar nuevas habilidades, aprender nuevas estrategias para lidiar con la vida en general, escribir ideas y planificarlas y descubrir más sobre la persona que eres haciéndote preguntas a ti mismo y escribir las respuestas a esas preguntas. Un diario es una herramienta fundamental a la hora de aprender sobre nosotros mismos y si queremos tener éxito en la vida, y conocernos a nosotros mismos es imprescindible. Aunque pensemos lo contrario, sabemos muy pocos de nosotros mismos realmente, pues muchas veces nos concentramos tanto en cosas externas que olvidamos nuestro ser interior.

Desarrolla tu intuición

Tu mayor activo es la intuición y si más personas desarrollaran un oído para escuchar lo que realmente estamos diciendo por dentro, más de nosotros sabríamos el camino a seguir y cómo lograr con éxito lo que queremos de la vida, simplemente siguiendo nuestra propia guía interior. Tu propio diario personal puede ser una excelente manera de desarrollar tu intuición y escucharte a ti mismo y a lo que hay dentro de ti, registra todas las pequeñas cosas que podrías dejar pasar, como destellos de inspiración, premoniciones o corazonadas sobre algo, básicamente cualquier cosa. que tu intuición te está diciendo.

Llevar un diario es esencial porque la inspiración puede aparecer en cualquier momento, algunos de los mayores inventores y pensadores mantuvieron diarios, incluido uno de los inventores más prolíficos de la historia, Thomas Edison. Una de las cosas más útiles que hace un diario es darnos la capacidad de mirar hacia atrás en los registros y hacer referencia a ellos, por ejemplo, si encontró un problema y lo superó en el pasado y surge un problema similar, entonces puede reflexionar y aplicar la misma solución o adaptarla para obtener un resultado más positivo. Su diario puede recordarle los logros pasados y esto es de gran ayuda para desarrollar la confianza en sí mismo y ayudarlo a tener éxito en la vida cuando las cosas se ponen difíciles, dándote ánimo para continuar y no rendirte.

Aprender del pasado

Una técnica que es muy popular y que llevar un diario puede ayudarlo a lograr es la técnica conocida como "mejor-mejor", esta técnica se puede aplicar a cualquier situación que surja en la vida y simplemente se basa en que usted mire hacia atrás en el pasado y encuentre lo que le salió mal o lo que experimentó y luego decidir cómo podría hacerlo mejor la próxima vez o cómo podría haberlo experimentado mejor. La clave para recuperarse de los errores pasados y tener éxito en el futuro es aprender de sus errores, pero recuerde concentrarse en sus puntos fuertes en lugar de en los débiles. Si te concentras más en tus puntos débiles que en los fuertes, muy a menudo esto te lleva a reforzarlos inconscientemente, lo que luego conduce a una baja autoestima y, por supuesto, tener una baja autoestima no es positivo. Solo si se basa en sus fortalezas puede aumentar su autoestima y su autoestima es el factor crucial para comprender sus debilidades y corregirlas y, por lo tanto, construir una imagen positiva de la vida aumenta en gran medida sus posibilidades de éxito. Entonces, al anotar sus experiencias en su diario, puede mirar hacia atrás y obtener una comprensión más clara de sí mismo y de cómo se siente, lo que en última instancia determina cómo piensa y cómo piensa determina el éxito que tiene en la vida.

Comience a tiempo a combatir la baja autoestima

Los proveedores de atención médica saben que hay muchas razones por las que las personas sufren de baja autoestima desde un desequilibrio químico hasta la falta de fe, oportunidades, disciplina y más. Sin embargo, muchos están de acuerdo en que la causa número uno de la baja autoestima se debe a la falta de retroalimentación positiva y el amor que se les da a los niños durante sus primeros años.

Lo que sucede con demasiada frecuencia es que los niños nacen antes de que sus padres hayan madurado lo suficiente para dar una correcta formación a sus hijos sobre familia, los valores y el amor propio, y en la carrera por tener éxito la pareja se enfoca en trabajar muchas horas para sostener el hogar y sus gastos, dejando a los hijos en manos del sistema educativo, de sus amigos y entorno.

Y a menudo, antes de que los padres se den cuenta de que pueden estar siguiendo los pasos de sus propios padres, repiten errores similares que les cometieron en su propia infancia. Por ejemplo, muchos padres simplemente no permiten que sus hijos lo intenten una y otra vez y cometan sus propios errores y menos les enseñan a aprender de los errores para hacerlo mejor la siguiente vez, tampoco enseñan a sus hijos a amarse a sí mismos y a resaltar sus talentos y cualidades. Muchos padres no ofrecen elogios y cumplidos sinceros a sus hijos, sino que los dan por sentado a ellos y a sus esfuerzos en un mundo difícil, difícil y lleno de desafíos, otros incluso los tratan de brutos o inútiles y todas esas palabras se quedan en sus pequeñas mentes hasta la adultez y crecen con ese sentimiento de que no sirven, que son feos, que son brutos e inútiles, todo esto crea inseguridades y una baja autoestima.

Otro factor importante es que los niños a menudo creen verdaderamente y de corazón que todos los adultos tienen razón y establecen sus propios valores y sistemas de retroalimentación gracias a ellos. Sin embargo, lamentablemente muchos de estos adultos que crían niños pequeños todavía luchan contra el abuso de sustancias ilegales, el juego, el abuso de alcohol y otros problemas muy importantes. Los resultados son que estos adultos simplemente no están haciendo lo que es mejor para ellos mismos o sus familias, especialmente con sus hijos pequeños que intentan seguir sus pasos. Lo que un abusador de drogas o alcohol no ve, por ejemplo, es el abuso físico, emocional y a menudo de otro tipo se transmite a los niños, crea rechazos, inseguridades, vicios, adicciones, traumas y por supuesto baja autoestima.

En resumen, los niños y adultos de todas las edades necesitan comentarios positivos y que las personas demuestren de manera sincera su cuidado y preocupación. Empiece desde ya y anime a su pareja e hijos a tomar decisiones buenas, saludables y positivas. Y cuando fracasen en algo, ofrézcales esperanza y aliento para intentarlo y volver a intentarlo, enséñeles que tienen capacidades y que no deben ponerle limite a sus sueños.

Fomenta también la educación, independientemente del nivel económico que tengas. Demasiados adultos a menudo "dicen" que quieren que sus hijos tengan éxito, pero niegan a sus hijos una buena educación durante toda la infancia, no importa que no tenga mucho dinero no es necesario estudiar en el mejor colegio de la ciudad para triunfar, puede por ejemplo fomentar la lectura en casa, muestre con el ejemplo leyendo usted mismo, fomente talleres, clases en línea, libros electrónicos y más, en internet hay cientos de miles de cursos gratuitos. Trate de ayudar a los niños y/o pareja en las materias de la escuela que tenga más conocimientos (ajedrez, matemáticas, música ...), pasatiempos (manualidades, instrumentos musicales, canto ...) y servicio a los demás (trabajo voluntario, trabajo a tiempo parcial).

Comuníquese y muestre comentarios positivos. Y extiéndalo con amor, cuidado y respeto, esto hará aumentar tu propia autoestima y amor.

Deja de subestimar tu valor

Es importante que no subestimes tu valía, ya que eres lo que crees que eres, la autoestima se trata de pensamientos y lo que piensas de ti mismo. Si piensas en confianza, parecerás seguro, y luego esto se mostrará en el exterior, cuando las personas se den cuenta de lo que valen, serán capaces de afrontar la vida con mayor confianza y optimismo sobre el futuro. Es más probable que puedan alcanzar sus metas y ganar experiencia, satisfacción y felicidad en la vida, están más capacitados para formar relaciones duraderas que funcionen y están más capacitados para hacer frente a lo que la vida les depare. Una persona que se da cuenta de su autoestima es una persona feliz y bien adaptada que posee la capacidad de hacer frente a cualquier cosa y a cualquier persona a lo largo de su vida y es capaz de hacer cualquier cosa que se proponga hacer.

Problemas causados por subestimar su autoestima

Muchos problemas pueden ocurrir en su vida simplemente por subestimar su propia autoestima, la falta de autoestima afecta su sentido de bienestar, causa problemas con sus sentimientos y necesidades, afecta su capacidad para tomar buenas decisiones saludables en las relaciones, el trabajo y la vida en general y causan temores el de ser abandonado y problemas como que las personas se esfuerzan continuamente por alcanzar la perfección, pero nunca parecen alcanzarla. A la falta de autoestima se ha atribuido a la indecisión, adicciones como fumar, beber, abuso de drogas, algunos trastornos y problemas con la alimentación como bulimia y anorexia ya que generalmente se dan por querer huir de la realidad, por falta de amor propio y no aceptarse tal cual se es.

Dándose cuenta de su autoestima

Cada uno de nosotros es capaz de darnos cuenta de nuestra propia valía, no tenemos que hacer nada especial para ganar o merecer la autoestima. La clave para darte cuenta de tu autoestima es conseguir que esa vocecita dentro de tu cabeza deje de menospreciarte todo el tiempo, son nuestros propios pensamientos y sentimientos los que nos impulsan a desarrollar una baja autoestima. Esta pequeña voz se ha desarrollado durante un largo período de tiempo, arrojando dudas sobre nosotros mismos hasta que creemos genuinamente que no somos dignos o capaces, muchas veces incluso nuestras relaciones se arruinan porque no somos capaz de hablarle a esa persona que nos gusta porque nos sentimos feos o poca cosa, pero son nuestras propias mentes las que desarrollan nuestros sentimientos de baja autoestima, no alguna fuerza externa. Hay varias formas en las que puedes comenzar a cambiar tu patrón de pensamiento y aumentar tu autoestima que a su vez comienza el proceso de darse cuenta de su verdadera autoestima, los conceptos básicos detrás de hacer esta corrección son:

- Aprender a reconocer los pensamientos autocríticos y detenerlos.
- Aprender a reemplazar los pensamientos propios por otros más positivos
- Seguir con el hábito de corregir sus pensamientos negativos con pensamientos más positivos.

Hay muchas formas en las que puede comenzar a establecer el patrón de cambio de pensamientos, pero quizás la más fácil sea usar afirmaciones, que son simples declaraciones positivas y usarlas para reemplazar cualquier pensamiento negativo, ejemplos de afirmaciones positivas podrían ser:

- Este es un desafío nuevo y emocionante; esto podría usarse para reemplazar pensamientos como si esto es demasiado difícil o no puedo hacer esto, está más allá de mí.
- Soy una persona valiosa y segura de sí misma; reemplácela cuando tenga pensamientos como: ¿Puedo hacer esto o nunca podría hacer esto?
- Puedo hacer cualquier cosa que desee si me lo propongo; esto se puede usar para reemplazar pensamientos como no estoy seguro de si soy capaz de completar esta tarea o no sé si la pueda completar.

Todas estas son afirmaciones simples que puede usar para cambiar gradualmente su forma de pensar, lo que con el tiempo cambiará la forma en que se siente acerca de sí mismo y lo alentará a darse cuenta de su verdadera autoestima.

Desarrollando todo tu potencial

Si bien muchos de nosotros somos felices en la vida y logramos hasta cierto punto lo que nos propusimos hacer, no hay muchos que realmente se esfuercen un poco más y desarrollen todo su potencial. Si bien podríamos ser particularmente buenos en hacer ciertas cosas en la vida, podríamos sobresalir si solo tuviéramos el coraje y la fe en nosotros mismos para hacerlo.

De niños estamos llenos de ideas excelentes, nunca dejan de fluir porque tenemos una mente abierta y creemos en nosotros mismos que podemos lograr casi cualquier cosa. Sin embargo, a medida que crecemos, el miedo de si estamos haciendo lo correcto y de hablar y ser ridiculizados se hace cargo de bajar nuestra moral y frenamos el flujo de nuestra imaginación e ideas. Reprimimos nuestros pensamientos y esto puede impedir que desarrollemos todo nuestro potencial.

Hay muchas formas en que puedes comenzar a desarrollar tu potencial, nunca es demasiado tarde. Debes recordar que no existe una forma correcta o incorrecta de pensar y muchas veces la razón por la que los demás intentan hacerte sentir inferior cuando expresas opiniones e ideas es porque desearían haber tenido la idea y el coraje para hablar. Así que concéntrese en sus habilidades y habilidades y deje que sus pensamientos fluyan libremente, póngalos en uso y realmente sobresalga en la vida.

Para tener éxito, debes darte cuenta de que a veces cometerás errores, nadie es perfecto y los errores están bien siempre que los reconozcas y aprendas de ellos. Las características que puede nutrir y que lo llevarán a desarrollar su verdadero y pleno potencial incluyen:

- **Trabajar duro**: poner todo de su parte en todo lo que hace cuando trabaja para lograr lo que quiere en la vida.
- **Tener paciencia**: las cosas no suceden de la noche a la mañana, así que ten paciencia y serás recompensado.
- **Determinación**: manténgase firme y nunca se rinda cuando las cosas no salgan como lo desea o se encuentre con obstáculos.
- **Compromiso**: esté comprometido con sus objetivos y lo que quiere lograr, establece metas en tu mente y anótalas en tu diario y no permitas que nada ni nadie se interponga en tu camino para alcanzarlas.
- **Organízate**: cuanto más organizado esté, más fácil será el camino hacia el éxito, planifique sus ideas al máximo antes de ponerlas en práctica.

- **Aprenda de los errores**: cometerá errores en el camino, pero puede aprender lecciones valiosas de estos y seguir adelante.
- **Confía en ti mismo**: debes tener confianza en ti mismo y creer en ti mismo y en tus ideas, no hay lugar a dudas.
- **Se realista**: no se fije metas que no pueda lograr de manera realista en un período de tiempo establecido, al fijarse metas poco realistas te estás preparando para el fracaso una y otra vez, recuerde ir paso a paso, cada escalón que subas es un triunfo.

Para desarrollar todo tu potencial, las dos cosas más importantes que debe recordar son lo que quiere de la vida y lo que puede hacer de manera realista para hacerlo posible. Una vez que tenga estos hechos claros, puede avanzar a toda máquina para lograr lo que desea.

Aumenta tu autoestima corriendo

Correr es un gran estímulo para la autoestima, especialmente si eres un corredor principiante. Correr te permitirá probar y expandir tus límites como nunca antes. Con cada hito que alcances, te sentirás más seguro y podrás enfrentarte al mundo con mucha más seguridad.

Comienza lento, cosecha grandes recompensas

Incluso si no puedes correr hasta el buzón sin sentirte cansado y resoplar, puedes correr para aumentar la autoestima. La primera vez que corras hacia el buzón, calle abajo, alrededor de la cuadra o cualquier distancia que sea, sentirá un gran sentido de orgullo y logro. La primera vez que salga, probablemente caminará más de lo que correrá. Sin embargo, si sigues así, pronto te encontrarás corriendo más y más hasta que un día corras toda la ruta sin parar.

Lo importante que debe recordar es comenzar despacio y no exagerar al principio. Su cuerpo necesita adaptarse a sus nuevos niveles de actividad, especialmente si anteriormente llevaba un estilo de vida sedentario. Exagerar y causar lesiones por uso excesivo puede ser un gran desánimo, especialmente después de ver el progreso que hizo. La mayoría de las personas no querrán aumentar su kilometraje semanal en más del 10%. Sin embargo, haga lo que funcione mejor para usted, algunas personas pueden manejar un mayor aumento de kilometraje y otras necesitan aumentar el kilometraje mucho más lentamente, no se desespere, no necesita correr hasta el fin del mundo, solo ir aumentando gradualmente según tu limite corporal te lo permita.

Correr es un 90% mental

A pesar de cómo se sientan tus músculos, el 90% de correr es puramente la capacidad mental para poder hacerlo. Construye este lado de tu cerebro diciéndote a ti mismo que puedes hacerlo, que puedes terminar la carrera, que puedes correr durante 30 minutos sin parar, o cualquiera que sea tu objetivo será invariablemente una forma infalible de desarrollar tu autoestima. Lo que sucede es que mientras corres, para terminar, tendrás que pensar en algunas cosas buenas que decirte a ti mismo, lo que a menudo se conoce como diálogo interno positivo. Este diálogo interno no solo lo ayuda a superar su carrera actual, sino que comenzará a filtrarse en el resto de su vida y se encontrará usándolo en el trabajo, mientras que lavar los platos y las tareas pesadas ya no se sentirá tan mal.

Ponte metas

Al correr, puedes establecer metas grandes y pequeñas. Para el corredor principiante, un buen objetivo podría ser completar un 1km. Sin duda, disfrutará de la sensación de logro, sin mencionar los derechos de fanfarronear en la oficina o en la universidad.

Recuerde establecer metas realistas para correr y aumentará su autoestima, y kilómetros, mucho más rápido.

Cómo descubrir tus fortalezas ocultas

¿Alguna vez te has dado cuenta de que tú, como cualquier otra persona, tienes una mina de oro de fortalezas en tu interior? La mayoría de nosotros desconocemos el hecho de que poseemos talentos tan ocultos. El resto de nosotros, incluso si sabemos que están ahí dentro de nosotros, no sabemos cómo sacar a la luz las fortalezas y ponerlas en práctica para mejorar la calidad de nuestra vida o para llevar una vida más plena. Exploremos formas y medios de descubrir nuestras fortalezas ocultas para enriquecer nuestras vidas.

Para empezar, debes creer que tienes algunas fortalezas inherentes. Elimina toda negatividad en el pensamiento y la acción. Nunca te digas a ti mismo: "No puedo. No lo tengo dentro de mí ". En cambio, piense que tiene la fuerza dentro de usted para enfrentar cualquier situación, sin importar cuál sea, y que puede, y seguramente lo logrará, enfrentarla de manera apropiada. Recuerde, la confianza en uno mismo es confianza y ganar confianza es la mitad de la batalla.

El siguiente paso es comenzar a explorarse a sí mismo. Examine de cerca sus antecedentes, tanto genéticos como adquiridos. No es que no hayas hecho esto antes. Bien podría haberlo hecho. Ahora necesitas hacerlo de forma más sistemática. Escriba lo que heredó de sus padres o abuelos. Si cree que no ha heredado ninguno, piense en lo que le han enseñado. ¿Es posible que, en algún lugar profundo de ti, tengas esas mismas fortalezas, pero no te hayas dado cuenta de que puedes usarlas? Enumere todas las fortalezas y talentos de sus padres o abuelos. Vea si algunos de ellos o todos las puede utilizar. Por ejemplo, ¿la música corre en la familia? ¿Alguna vez notó que su madre tenía mucha paciencia? Tú también puedes tenerlo dentro de ti, sin ser consciente de ello. ¿Alguna vez ha notado que tiene, por naturaleza, una forma de hablar con palabras que otros que conoces no tienen? ¿No has hecho un buen uso de esta habilidad? Tal vez esté dotado de un físico fuerte, pero no es consciente de las formas en que su fuerza física puede utilizarse de manera rentable. Explora, experimenta y, finalmente, explota. Esa debería ser su estrategia para sacar a la luz sus fortalezas, cada vez que sientas que no puedes piensa en aquellas personas que por cosas de la vida no tienen alguna extremidad y aun así destacan en pintura, en música, de cómo ciegos destacan en música y en arte, e incluso escriben libros, de cómo algunos incluso sin educación son grandes empresarios, no te pongas límites y descubre que puedes lograr más de lo que has pensado toda tu vida.

Fortalezas educativas

Su experiencia adquirida le parece más fácil de analizar. Pero en realidad necesita un examen más detallado. Nuevamente, elabore una lista detallada de las fortalezas que le ha dado su educación y capacitación. ¿Cuál es el conjunto de habilidades que ha adquirido? ¿Está utilizando sus habilidades y talentos al máximo? ¿Ha perseguido sus intereses, ha convertido algunos de ellos en aficiones y ha pensado en la posibilidad de convertir al menos uno de estos últimos en una segunda profesión? Reúna sus fortalezas internas como la compostura, la compasión, la resolución de conflictos, el autocontrol, la perseverancia o determinación, etc. para lograr el éxito en su vida.

Este no es un ejercicio único en la vida. A medida que su vida avanza, las revisiones periódicas de sus fortalezas lo ayudarán a identificar las fortalezas desconocidas que pueden ayudarlo a seguir el camino correcto. Quién sabe, ¡puede encontrar oro!

Cómo puede ayudarle la PNL

Lo más probable es que muchos de los que se encuentran por primera vez con la PNL se pregunten de qué se trata, incluso si aparece en el contexto de influir en el comportamiento humano mediante la adopción y práctica de ciertas técnicas y procedimientos establecidos. En realidad, PNL significa Programación Neurolingüística, donde 'neuro' es algo relacionado con la mente y el cuerpo, 'lingüístico' se trata de patrones o estructuras del lenguaje y 'programación' es idear formas y medios de coordinar la mente, el cuerpo y el lenguaje para dar forma al comportamiento para lograr mejores resultados que antes en diversos ámbitos de la vida. En cierto sentido, la PNL puede ayudarlo de muchas maneras, si solo conoce sus técnicas y cómo usarlas para su beneficio.

Percepciones cambiadas

Puede recurrir a la PNL cuando esté interesado en desarrollar los rasgos y características de su personalidad, que determinan sus reacciones verbales y no verbales ante los acontecimientos de esta vida. Como primer paso, comprendamos que su percepción de la realidad se basa en su subjetividad. Así como un mapa es simplemente una representación en miniatura de un territorio, lo que percibes como real es solo una representación coloreada de la realidad, no la realidad en sí. No puedes evitar mirar el mundo a través de lentes color de rosa. Tus reacciones no están dictadas por la realidad, sino por tu visión de esa realidad. La PNL le ayuda a darse cuenta de esto y a reducir, si no a eliminar por completo, su subjetividad. Entonces quizás considerará adoptar puntos de vista alternativos de la realidad y, en consecuencia, provocar un cambio en la forma en que reacciona ante ella.

¿Por qué la gente reacciona de manera diferente a un evento o situación en particular? ¿No se debe a las diferencias en sus percepciones individuales de ese evento o situación? Lo que es un evento traumático para uno puede no ser lo mismo para otro. Por ejemplo, algunas personas pueden tomar el abuso verbal o físico a la ligera o simplemente ignorarlo. Otros pueden verse tan afectados por ella que necesitan tratamiento psicológico o médico. La filosofía subyacente de la PNL se basa en la premisa de que es posible cambiar las percepciones, creencias y comportamientos propios para que las experiencias traumáticas sean posibles de tratar. También es posible que incluso se vuelva inmune al trauma.

Deshazte de las fobias

De manera similar, puede deshacerse de sus fobias, si las tiene, analizando los factores que causan su miedo en primer lugar, con la ayuda de técnicas de PNL. Quizás puedas ver las cosas de la forma en que lo hacen tus adversarios. Quizás puedas considerar las mismas cosas desde una perspectiva totalmente nueva. O tal vez pueda estudiar a las personas que han alcanzado la excelencia en cualquier aspecto particular de su vida, averiguar qué cualidades y factores contribuyeron a su éxito y luego intentar importar los mismos factores y cualidades o similares a su vida en un cofuorzo por lograr la excelencia en el área de su elección. Puede reducir sus niveles de infelicidad o elevar los niveles de felicidad transformando su portafolio de creencias, sus nociones preconcebidas, sus patrones de lenguaje que muestran sus sentimientos más íntimos, su mente inconsciente que expone sus reacciones conscientes al mundo externo, y así sucesivamente. En resumen, como afirman los practicantes de PNL, la PNL lo transforma en un nuevo yo, un yo más feliz y un yo más eficaz capaz de lidiar con este mundo de una manera mucho mejor que antes.

Ordenación del desorden para el éxito

Si estamos rodeados de desorden y desorganización en nuestras vidas, se convierte en un excelente caldo de cultivo para la negatividad, la negatividad es lo que provoca sentimientos de baja autoestima y nos obstaculiza en la vida además es la base para que no tengamos éxito en lo que elegimos hacer. Por lo tanto, es esencial si queremos tener éxito y aprovechar al máximo la vida, que eliminemos el desorden de vez en cuando y eliminemos los obstáculos y pertenencias en exceso de nuestro camino, manteniendo nuestras vidas abiertas y fluyendo libremente. Aquí hay algunos puntos simples que debe recordar para mantener su hogar y su vida libres de desorden.

Reemplazar viejo con nuevo

Esto se aplica a cualquier cosa que tenga en su hogar, ya sea ropa, utensilios, muebles o cualquier otro artículo, si continuamente compra y trae artículos nuevos a su hogar, muy rápidamente se verá abrumado por artículos que generalmente terminan siendo embalado en cajas de cartón y puesto en el sótano. Incluso si empaca los artículos y los pone en el sótano, sigue siendo un desorden, un desorden del que podría prescindir, así que adquiera el hábito de tirar las cosas o dárselas a la caridad cuando compre algo nuevo, tienes que dejar ir esas cosas que no vas a usar.

No guardes cosas innecesarias

Para mantener su hogar ordenado es esencial que no guarde nada que no sea esencial, los artículos que pertenecen a esta categoría incluyen correo basura que aparece en su buzón, folletos, periódicos viejos, revistas, cartas o basura de su automóvil. Las cartas que no necesita se pueden triturar de inmediato, lo mismo que el correo basura, mientras que la basura de su automóvil debe recolectarse a diario y desecharse de inmediato. Te sorprenderás si tomas el hábito de no dejar que se acumule la basura en tu hogar, la cantidad de espacios que tendrás libres, además la sensación de limpieza es increíble, tu hogar debe ser tu palacio, aunque no parezca tu casa es muy importante para tu salud física y mental.

Tira todo lo que no te guste

Nunca te cuelgues de artículos simplemente porque te los dieron como regalo, si bien esto puede sonar duro y genera un desorden innecesario, si no te gusta algo, no lo guardes, regálaselo a alguien a quien le guste o véndelo, pero no te cuelgues de él, hoy en día hay muchas plataformas en línea y redes sociales donde puedes vender esos artículos y de paso consigues un dinero extra.

Ponte una meta

Cuando mires alrededor de tu casa, ten en mente un objetivo de ordenar el desorden, por ejemplo, trate cada habitación por separado y dígase a sí mismo: "Mi objetivo es ordenar esta habitación en un 25%". Si comienza con un objetivo claro en mente, se sentirá más en control, organizado y sentirá que está logrando algo. Debes dividir el desorden en tres montones, los artículos que puedes vender, los que son basura y los que deseas donar a la caridad, comenzar con un plan claro y una meta en mente hace que ordenar tu vida sea mucho más fácil, ordenar genera disciplina y te distrae.

Nunca pospongas las cosas

Sea duro con usted mismo y no se sienta culpable por tirar algo o regalarlo, una vez que comience a ordenarlo, no lo piense dos veces y retire algo de una pila sin cambiar de opinión. Si nos detenemos y pensamos en cada elemento de esta manera, se siembran las semillas de la duda y la negatividad que conduce a la desorganización y a un hogar lleno de elementos que no necesitamos. Tampoco es buena idea dejar las cosas para después si tienes el tiempo de hacerlo justo ahora, si empiezas a procrastinar con algo tan sencillo como ordenar tus cosas, seguramente iras retomando ese habito de dejar las cosas para otra ocasión y recuerda que si has llegado hasta aquí es porque estás dispuesto a cambiar tu vida y a tomar acciones siempre que sea necesario pues solo tus acciones y tu forma de pensar te van a llevar al éxito, no puedes permitirte ser mediocre y dejar las cosas a medias, recuerda que tú eres capaz y que el límite es el cielo.

PALABRAS DEL AUTOR

En la vida, la autoestima es mucho más importante que cualquier cosa, por extraño que parezca el auto concepto define nuestro camino, por cuestiones de la sociedad y de crianza crecemos creyendo que está bien autocastigarnos y ser tacaños a la hora de halagarnos cuando triunfamos, siempre se nos enseña a celebrar el éxito de otros, pero celebrar nuestro propio éxito siempre será visto como un "derroche" innecesario.

Después de leer este libro es importante que tengas claro que todo lo que pienses y declares para tu vida es lo que tendrás, si siembras mangos no vas a cosechar manzanas, si siembras pesimismo y autocritica destructiva siempre serás un fracasado y cobarde, pero si siembras optimismo y fortaleces tus talentos, tus cualidades, si crees más en ti mismo, el mundo será tuyo.

En mi experiencia he descubierto que perdemos relaciones, empleos y grandes oportunidades de triunfar por miedo, por pena, por el que dirán, yo te digo que es hora de tomar acción, de madurar, de lanzarte con grandes aspiraciones a conquistar el mundo, una mujer se conquista siendo seguro de sí mismo, igual un empleo, un gran puesto no puede estar en manos de un indeciso, tienes que fortalecerte, creer en ti, crearte metas e ir escalando peldaños, es una fórmula que te llevará al éxito, si pones en práctica los principios y consejos de este libro tu vida empezará a cambiar y te darás cuenta del tiempo y oportunidades que perdiste por miedo al cambio.

Te invito a que seas valiente, a que pongas a brillar esa mina de oro interna, no solo los demás pueden, ni el más bello, ni el más adinerado, esta vida se trata de mucho más que eso, pero todo empieza dentro de ti.